Sabine Langenbach

24 x Hinhören im Advent

AF238654

Die Deutsche Bibliothek verzeichnet diese
Publikation in der Deutschen Nationalbibliografie;
detaillierte bibliografische Daten sind im
Internet über www.d-nb.de abrufbar

Lektorat: Dr. Thomas Baumann
Umschlaggestaltung und Satz:
spoon design, Olaf Johannson
Umschlagbilder: AlexMaster,
Sea Wave/shutterstock.com
Illustrationen Innenteil: Shutterstock.com

Druck und Bindung: AALEXX Druck
Produktion, Großburgwedel

2. Auflage 2021
© 2021 Neufeld Verlag, Sauerbruchstraße 16,
27478 Cuxhaven
ISBN 978-3-86256-170-4, Bestell-Nummer 590 170

www.neufeld-verlag.de

Sabine Langenbach

24 x Hinhören
im Advent

NEUFELD VERLAG

⋟ OHRENKINO ⋞

„Kino für die Ohren" – das ist die Adventszeit für mich. Ich höre ein Geräusch oder ein Lied und schon startet in meinem Kopf ein Erinnerungsfilm. Bei „Kling, Glöckchen, klingelingeling" sehe ich mich zusammen mit meiner großen Schwester in weiß-roter Kinderchor-Kleidung beim Adventssingen im Altenheim. Fräulein Fischer dirigiert. Ich bin so was von stolz, dass ich dabei sein darf. Danach gibt es wie jedes Jahr Lebkuchen, Kekse und Kakao – mit dicker Haut drauf. Mir wird heute noch übel, wenn ich daran denke. Schöne und unangenehme oder sogar traurige Erinnerungen liegen oft ganz nah beieinander.

„Kino für die Ohren" im Advent hat aber nicht nur etwas mit der Vergangenheit zu tun. Wenn ich „richtig" hinhöre, kann ich in Alltäglichem etwas Neues entdecken und überraschende „Gott sei Dank"-Momente erleben, die die Tage vor Weihnachten zu etwas ganz Besonderem machen.

Ich freue mich, dass wir zusammen 24 mal Hinhören im Advent: auf Geräusche, Lieder, Szenen
aus dem Leben und auf den, der sich Weihnachten
ausgedacht hat –

Ihre Sabine Langenbach

⊱ INHALT ⊰

DEZEMBER

⁊ ZWISCHENTÖNE ⁊

In der Weihnachtsbäckerei … Scheppernd klingt es aus der kleinen Geschenkkiste, die Birte gerade geöffnet hat. Sie tastet, findet einen Dominostein, steckt ihn in den Mund und genießt. Dass in der Kiste, die ihr Adventskalender ist, etwas Schokoladiges lag, hatte sie längst gerochen. Sehen kann sie es nicht, denn sie ist von Geburt an blind.

„Ach, die Arme!", sagen viele, wenn sie das hören, weil sie denken, dass unserer Tochter ein ganz wichtiger Sinn fehlt und sie sich das Leben ohne Sehen nicht vorstellen können. Aber Birte kennt es nicht anders. Sie erfasst ihre Umwelt durch Hören, Fühlen und Riechen. Sie kann zwar nicht sehen, aber ich habe schon oft erlebt, dass sie manches wahrnimmt, das mir entgeht.

Neulich haben wir gemeinsam einen Online-Gottesdienst auf YouTube gesehen. Zwischen zwei Liedern gab es eine Moderation von jemandem, den wir seit vielen Jahren kennen. Plötzlich machte Birte ein ganz trauriges Gesicht und faltete die Hände. Ich fragte sie, was los wäre, und sie sagte nur: „Traurig!" Mir war klar, dass sie unseren Bekannten meinte. Einige Tage später erfuhr ich, dass er zu der Zeit genau wusste, dass sein Vater im Sterben lag. Birte hat seine Traurigkeit gespürt, nur durch das Hören der Übertragung im Internet!

Ich werde beim Zuhören oft abgelenkt von dem, was ich sehe. Birte hört anders hin – und „sieht" manchmal mehr als ich mit meinen Augen. Mit ihrer Lebensfreude ist sie ein Lichtblick für viele, die ihr begegnen.

„Ach, die Arme" passt also nicht zu Birte. Höchstens jetzt … denn die kleine Kiste ist leer und sie möchte gern noch mehr Schokoladiges. Warten gehört zum Advent. Morgen gibt es wieder eine süße Überraschung und natürlich auch „In der Weihnachtsbäckerei".

DEZEMBER

❧ HERZENSWORTE ☙

Klack – die Autotür fällt ins Schloss. Ich schnalle mich an und will gerade den Motor starten, da klopft plötzlich jemand ans Autofenster. Völlig überrascht schaue ich nach links und sehe in das freundliche Gesicht einer Geschäftsfrau aus meiner Stadt. „Was sie wohl von mir will?", denke ich und lasse die Scheibe herunter.

Ein herzliches „Hallo" von ihr und ein überraschtes von mir. Dann sagt sie: „Ach, Frau Langenbach, ich wollte Ihnen nur mal eben sagen, dass es schön ist, dass es Sie gibt!"

Wie bitte? Damit hatte ich überhaupt nicht gerechnet. Ich war nur ein- oder zweimal in ihrem Geschäft. Wir kennen uns doch gar nicht. Wie kommt sie darauf? Aber das kann ich sie ja schlecht fragen.

Fast automatisch greife ich in meine Tasche, in der ich in der Weihnachtszeit immer Streichholzbriefchen mit adventlichen Gedanken deponiert habe, und reiche eins durch das Autofenster mit den Worten: „Das ist schön zu hören. Danke! Hier ein Adventsgruß für Sie!"

Sie bedankt sich, macht auf dem Absatz kehrt und ruft, schon im Gehen: „Einen schönen Tag noch!" und weg ist sie. Ich sitze im Auto und schüttele den Kopf. So was ist mir noch nie passiert. Mit einem Lächeln starte ich den Wagen und fahre nach Hause.

„Es ist schön, dass es Sie gibt!" Immer wieder muss ich an diesen Satz denken. Wie oft habe ich das schon in Vorträgen anderen gesagt, dass sie wertvoll sind, weil sie Originale Gottes sind. Aber wenn ich das selber höre, völlig unerwartet, von einem fast fremden Menschen, dann ist es im ersten Moment merkwürdig. Und dann tut es doppelt gut, denn diese Worte sind für mich wie ein liebevolles Augenzwinkern vom Himmel.

DEZEMBER

⋗ HÖRANGRIFF ⋖

Zu Hause, im Auto, beim Einkaufen – überall bekomme ich im Advent was auf die Ohren: „Last Christmas", Nachrichten, Werbung, wichtige Informationen, leeres Geschwätz, Klatsch und Tratsch, ehrlich gemeinte Ratschläge, harsche Zurechtweisung, aber auch Liebevolles. Manchmal will ich einfach gar nichts mehr hören. Sendepause. Die Augen zu machen und nichts sehen und hören.

Mein Opa Richard konnte das auf eine besondere Weise. Er saß kerzengerade auf seinem Sessel und hatte die Augen geschlossen. Als Kind fand ich das faszinierend. Irgendwann habe ich mich getraut und mal gefragt, ob er schläft. Er sagte dann: „Nein, Sabinchen, ich spreche mit ‚Bruder Innerlich'!" Das klang so weise.

Wenn ich in diesen hektischen Tagen Stille suche und mich zurückziehe, die Augen schließe, dann kann ich mir sicher sein, dass mir tausend Sachen in den Kopf kommen, die ich noch erledigen muss. Manchmal schreibe ich sie auf, damit ich sie nicht vergesse und zur Ruhe kommen kann. Aber es fällt mir sehr schwer, nur dazusitzen und an nichts zu denken.

Pssst!!!

Dein Adventskalender: Sabine Langenbach, *24 x Hinhören im Advent*, ISBN 978-3-86256-170-4, Neufeld Verlag, Cuxhaven 2021
Abbildungen: Kamin/Tasse: © AlexMaster/Shutterstock.com; Walnüsse: © Sea Wave/Shutterstock.com

Mit „Bruder Innerlich" sprechen, wie Opa das nannte, ist keine Option für mich. Um mich selbst will ich nicht kreisen. Ich werde ruhig, wenn ich mit Gott, dem Vater von Jesus Christus, rede. Bete.

Danach bin ich gelassener, aber da ist noch mehr. Ich habe einen tiefen Frieden im Herzen, den nur Gott schenken kann. Damit schaffe ich die nächste Etappe durch den „Hörangriff" im Advent.

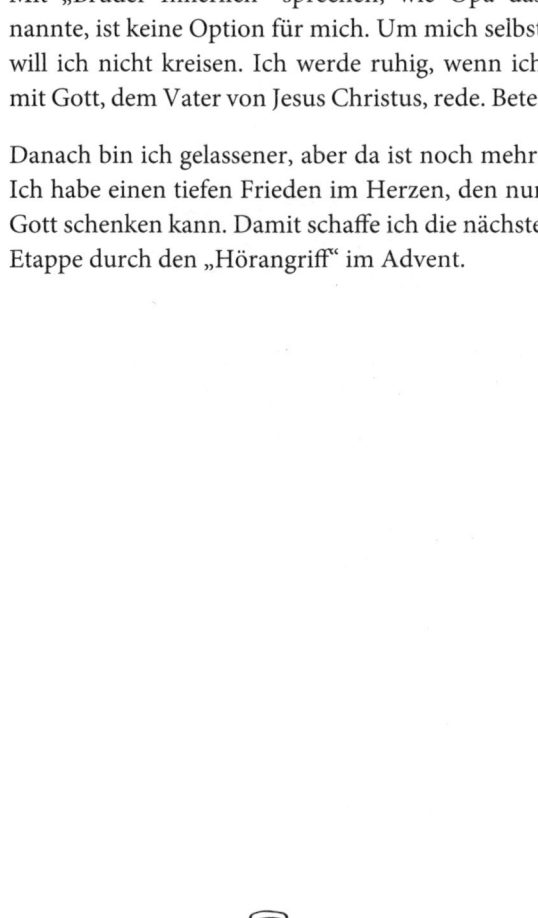

DEZEMBER

⋆⃗ ALLTAGSENGEL ⋆⃖

Hallo! Dein Schutzengel möchte mit dir sprechen! Dieser Satz erscheint plötzlich, als ich mir ein Video im Internet anschaue. Die himmlischen Wesen haben im Advent wieder Hochkonjunktur als Dekoration, auf Weihnachtsbaumkugeln und Servietten. Aber dass jetzt ein Engel mit mir reden will, das ist etwas ganz Neues.

Entschlossen klicke ich die Aufforderung weg. Erstens ist so etwas natürlich Abzocke, zweitens unseriös und gefährlich und drittens ist es noch gar nicht so lange her, dass ich mit einem Engel telefoniert habe.

Sie heißt Anne und hat mit ihrer Fachkenntnis und (Engels-) Geduld dafür gesorgt, dass ein Internet-Betrüger nicht mehr in meinem Namen im sozialen Netzwerk sein Unwesen treiben kann.

Ich habe schon öfter erlebt, dass Gott mir durch andere Menschen konkret weiterhilft. Sie sind für mich Engel in Menschengestalt.

„Echte Schutzengel", also himmlische Wesen, die gibt es auch.

„Ich danke meinem Schutzengel!", über diesen Satz bin ich in einem Zeitungsartikel gestolpert, weil das so gar nicht meiner Sicht vom „Boten Gottes" entspricht. Welche Rolle Engel haben, das hat mir ein Gast bei einem Radiointerview durch einen Vergleich ganz deutlich gemacht: „Wenn ich ein Päckchen von meiner Oma bekomme, dann küsse ich doch nicht den Paketboten, weil er mir das Päckchen gebracht hat. Ich bedanke mich direkt bei der Oma! Genauso ist es mit den Engeln. Sie sind im Auftrag Gottes unterwegs!"

Manchmal schickt Gott mir einen Schutzengel in einer brenzligen Situation. Manchmal werden mir Menschen wie Anne zum Engel. In beiden Fällen gibt es für mich nur eins: Ich sage „Gott sei Dank" dafür!

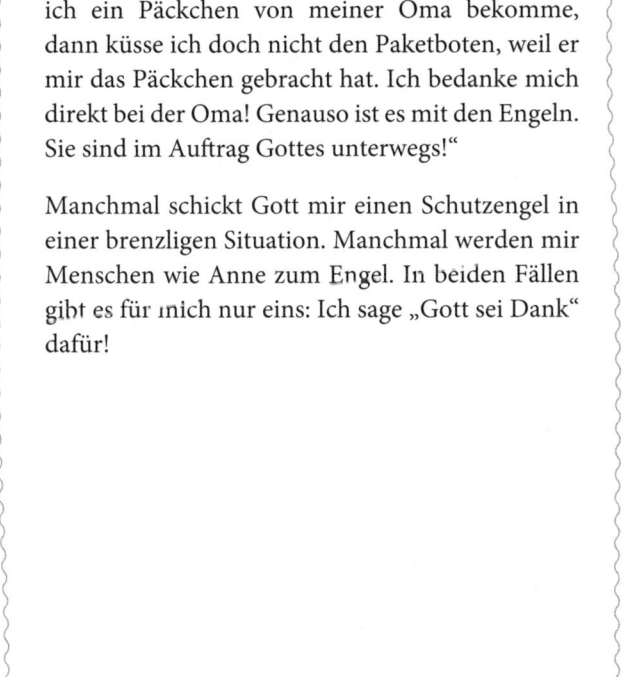

DEZEMBER

⊰ SCHUMMERSTÜNDCHEN ⊱

Zisssch … Das Streichholz fängt Feuer. Das Stabfeuerzeug liegt auch bereit. Aber was ist das mechanische „Klack" gegen dieses besondere Zischen?

Ich zünde die Kerze auf dem Adventskranz an. Es wird heller im sonst dunklen Wohnzimmer. „Schummerstündchen" haben wir das früher genannt, wenn meine Schwester und ich mit unserer Mutti im Advent zusammensaßen, während unser Vater noch „im Geschäft" war.

Unter Mutters kritischem Blick zupften wir manchmal eine Tannennadel aus dem Gesteck und hielten sie kurz in die Flamme. Das Knistern und der Geruch waren einfach herrlich.

Eine bittersüße Erinnerung. Mutti starb viel zu früh. Mehr als fünfundzwanzig Jahre ist das schon her. In Momenten wie diesen kommen die Erinnerungen.

„Christkindchen backt Plätzchen!", hat sie zu uns immer gesagt, wenn im Advent morgens die Wolken rot leuchteten. Zu unserem Sohn Niklas habe ich früher exakt diesen Satz gesagt, als er mit großen Augen in den morgendlichen Dezemberhimmel schaute. Gar nicht meine Art, weil es so kitschig klingt. Aber irgendwie auch schön. Schön vertraut.

Ich beobachte, wie sich die Flamme der Kerze bewegt. Ohne Adventskranz kann ich mir die Wochen vor Weihnachten nicht vorstellen. Vor ein paar Jahren hatte ich nur mal ein Gesteck. Das war hübsch. Aber der Kranz hat gefehlt. Weil ich damit mehr verbinde. Er ist rund wie die Erde, das Tannengrün steht für Hoffnung und die Kerzen erinnern mich an Jesus, der das Licht der Welt ist.

Ich höre unsere Standuhr schlagen. Schon so spät?

Pfffftttt … Ich puste die Kerze aus. Das war ein schönes Schummerstündchen.

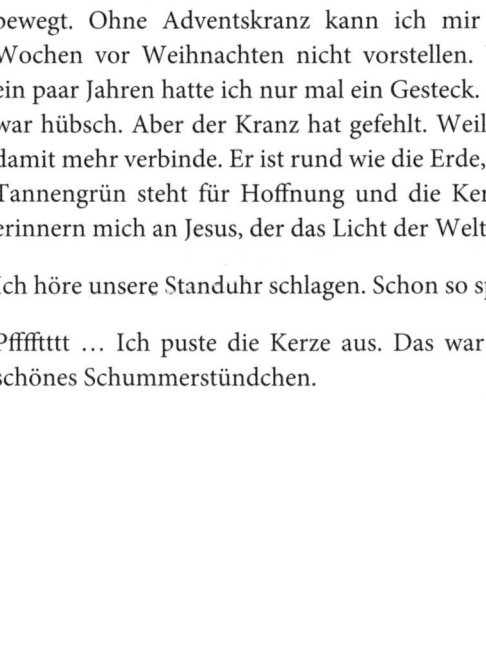

DEZEMBER

NUSSKNACKER

Knack – vor mir liegt die zerbrochene Walnuss-Schale. Ich suche die Kernstücke heraus. Eins wandert direkt in meinem Mund, die anderen in die Vorratsdose fürs Müsli. Walnüsse im Advent müssen sein. Das Knacken macht mir Spaß. Es hat fast schon was Meditatives. Ich komme dabei zur Ruhe. Aber nicht nur deshalb gehören Nüsse für mich in die Adventszeit. Seit ich denken kann, begleitet mich der Vers „Denn Äpfel, Nuss und Mandelkern essen fromme Kinder gern" aus dem „Knecht Ruprecht"-Gedicht von Theodor Storm.

Knack – das Nussknacken erinnert mich auch an die Binsenweisheit: „Harte Schale, weicher Kern". Wie vielen Menschen bin ich schon begegnet, die auf den ersten Blick unnahbar, kalt oder kompromisslos wirkten? Wenn sie mir die Chance gegeben haben, sie näher kennenzulernen, habe ich oft gemerkt, dass das toughe Äußere nur das sensible Innere vertuschen sollte. Nicht selten waren tiefe Verletzungen, die sie im Laufe ihres Lebens einstecken mussten, schuld an der Härte.

Aber das muss nicht so bleiben. Veränderung ist möglich. Die Hoffnung lebt. Durch das Kind in der Krippe. Knack – Nüsse knacken ist doch wirklich inspirierend!

7

DEZEMBER

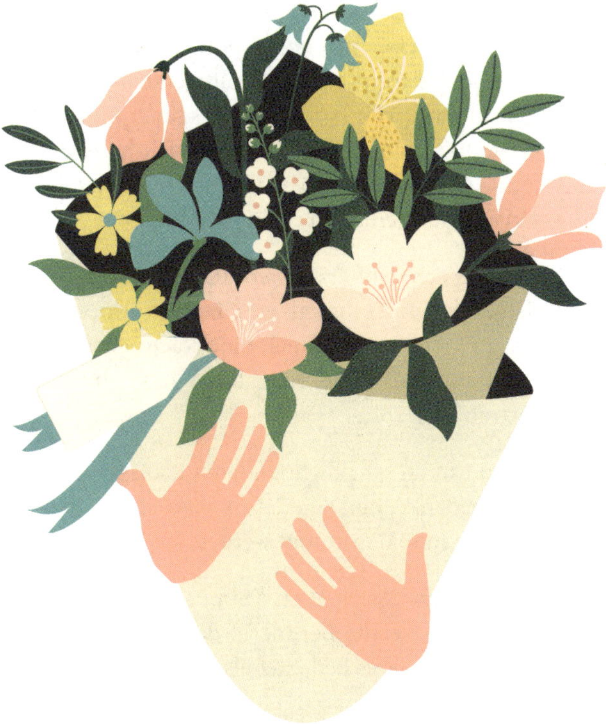

⁂ GEISTESBLITZ ⁑

Du triffst immer den richtigen Tag mit deinen Nachrichten. Das ist schon fast unheimlich, schreibe mir eine Jugendfreundin, nachdem ich ihr per WhatsApp einen ermutigenden Spruch geschickt habe. Wir hatten länger keinen Kontakt, aber sie kam mir in den Sinn und ich hatte den Impuls, dass ich ihr einen Gruß schicken sollte. Offensichtlich genau im richtigen Moment.

Das ist mir schon öfter passiert: Plötzlich denke ich an jemanden und es ist, als ob eine leise Stimme in mir sagt: Melde dich da mal. Eine Nachricht übers Handy, eine Postkarte, manchmal auch ein Blumenstrauß.

Es macht mich glücklich, anderen zu sagen, dass ich an sie denke, und zu erleben, dass sie zum passenden Zeitpunkt ermutigt werden.

„Da hattest du nen richtjen Animus!", hätte meine Oma als waschechte Berlinerin das kommentiert. Was nichts anderes bedeutet als: „Du hast es eben geahnt!"

Während ich diesen Text schreibe, kommt mir die Idee, im Online-Lexikon nach dem Wort „Animus" zu schauen. Es kommt aus dem Latei-

36

nischen und bedeutet Seele oder Geist. Beim Lesen „kipp ick fast ausn Latschn", wie der Berliner sein Erstaunen ausdrücken würde. So viel Tiefgang hätte ich dem Menschenschlag mit der losen Zunge gar nicht zugetraut. Ins Hochdeutsche übersetzt heißt die Redewendung: „Es kommt auf den richtigen Geist an!"

Nichts Unheimliches ist dafür verantwortlich, dass ich zum richtigen Moment an meine Jugendfreundin gedacht habe, es liegt am „richtigen Geist", dem Heiligen Geist, der Stimme Gottes in mir! Ich setze auch im Advent auf „den richtjen Animus" und bin gespannt, was sich dadurch ergibt!

8

DEZEMBER

⋇ STOLPERWORTE ⋇

Alle Jahre wieder ... Ich sitze mit meiner Tochter Birte auf der Couch und wir tun das, was wir besonders gerne im Advent machen: Wir singen und ich spiele Gitarre dazu. Plötzlich stolpere ich über den vertrauten Text. „Alle Jahre wieder kommt das Christuskind auf die Erde nieder, wo wir Menschen sind!"

Was singe ich da eigentlich? Das klingt ja so, als ob Jesus, das Christuskind, im Himmel sitzt und einmal im Jahr nach dem Rechten auf der Erde schaut, so eine Art Stippvisite macht. Hat Wilhelm Hey, der vor fast 190 Jahren das Lied geschrieben hat, das so gesehen? Ist ja überhaupt nicht mein Denken: Die Geburt von Jesus im Stall von Bethlehem war ja nur der Auftakt für viel Größeres. Als Erwachsener hat er Wunder getan, Menschen echte Lebenshilfe gegeben und seinen Freunden versprochen, dass er immer da sein wird. Als Sohn Gottes war und ist das für ihn kein Problem.

Ich bin so in Gedanken, dass ich gar nicht mehr auf die Gitarrengriffe achte. Das gefällt Birte gar nicht. Deshalb reiße ich mich zusammen und spiele und singe einfach weiter.

„Kehrt mit seinem Segen …", „Steht auch mir zur Seite …" – die nächsten beiden Strophen klingen inhaltlich ja schon besser … und bei der vierten, relativ unbekannten Strophe weiß ich, dass ich „Alle Jahre wieder" auch weiterhin singen werde: „Sagt den Menschen allen, dass ein Vater ist, dem sie wohlgefallen, der sie nicht vergisst." Genau darum geht es an Weihnachten!

Und das tatsächlich „Alle Jahre wieder".

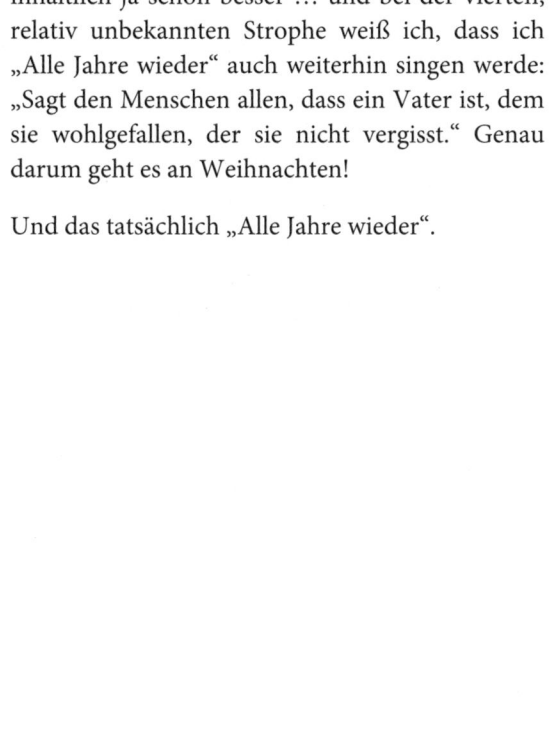

DEZEMBER

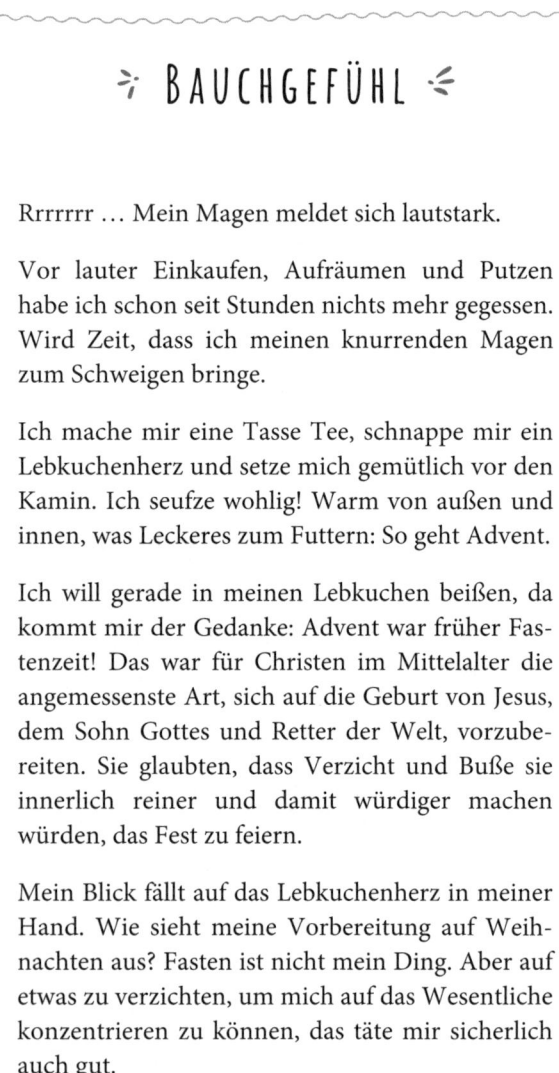

⋟ BAUCHGEFÜHL ⋞

Rrrrrr … Mein Magen meldet sich lautstark.

Vor lauter Einkaufen, Aufräumen und Putzen habe ich schon seit Stunden nichts mehr gegessen. Wird Zeit, dass ich meinen knurrenden Magen zum Schweigen bringe.

Ich mache mir eine Tasse Tee, schnappe mir ein Lebkuchenherz und setze mich gemütlich vor den Kamin. Ich seufze wohlig! Warm von außen und innen, was Leckeres zum Futtern: So geht Advent.

Ich will gerade in meinen Lebkuchen beißen, da kommt mir der Gedanke: Advent war früher Fastenzeit! Das war für Christen im Mittelalter die angemessenste Art, sich auf die Geburt von Jesus, dem Sohn Gottes und Retter der Welt, vorzubereiten. Sie glaubten, dass Verzicht und Buße sie innerlich reiner und damit würdiger machen würden, das Fest zu feiern.

Mein Blick fällt auf das Lebkuchenherz in meiner Hand. Wie sieht meine Vorbereitung auf Weihnachten aus? Fasten ist nicht mein Ding. Aber auf etwas zu verzichten, um mich auf das Wesentliche konzentrieren zu können, das täte mir sicherlich auch gut.

Statt abends auf dem Sessel bei Facebook und Co. unterwegs zu sein, könnte ich ein Adventsbuch lesen oder frühzeitig mit der Weihnachtspost anfangen, dass möglichst alle Freunde eine handgeschriebene Postkarte bekommen. Oder ich könnte mal nichts machen und einfach nur – so wie jetzt – vor dem Kamin sitzen, dem Prasseln des Feuers lauschen und abwarten, welche Gedanken mir kommen.

Rrrrr … vor lauter Nachdenken habe ich immer noch nicht in das Lebkuchenherz gebissen. Jetzt aber! Ich kaue und schmunzle gleichzeitig. Was ein einfaches Magenknurren bewirken kann!

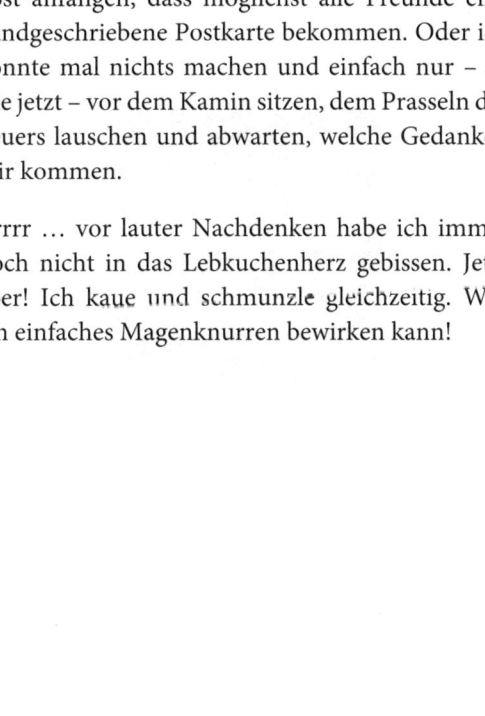

10

DEZEMBER

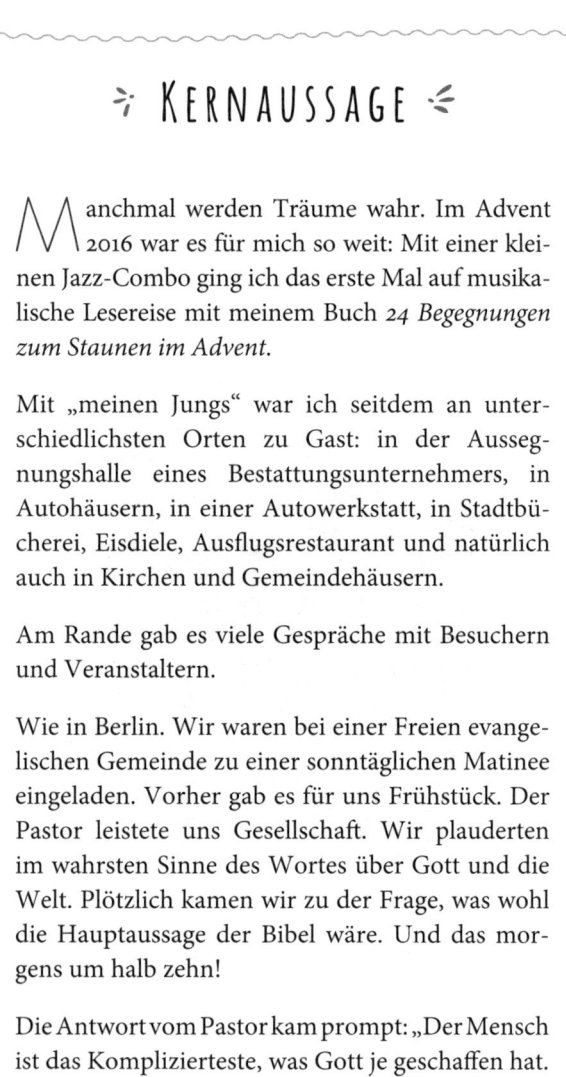

☀ KERNAUSSAGE ☀

Manchmal werden Träume wahr. Im Advent 2016 war es für mich so weit: Mit einer kleinen Jazz-Combo ging ich das erste Mal auf musikalische Lesereise mit meinem Buch *24 Begegnungen zum Staunen im Advent*.

Mit „meinen Jungs" war ich seitdem an unterschiedlichsten Orten zu Gast: in der Aussegnungshalle eines Bestattungsunternehmers, in Autohäusern, in einer Autowerkstatt, in Stadtbücherei, Eisdiele, Ausflugsrestaurant und natürlich auch in Kirchen und Gemeindehäusern.

Am Rande gab es viele Gespräche mit Besuchern und Veranstaltern.

Wie in Berlin. Wir waren bei einer Freien evangelischen Gemeinde zu einer sonntäglichen Matinee eingeladen. Vorher gab es für uns Frühstück. Der Pastor leistete uns Gesellschaft. Wir plauderten im wahrsten Sinne des Wortes über Gott und die Welt. Plötzlich kamen wir zu der Frage, was wohl die Hauptaussage der Bibel wäre. Und das morgens um halb zehn!

Die Antwort vom Pastor kam prompt: „Der Mensch ist das Komplizierteste, was Gott je geschaffen hat.

Er hat es von schimpfen über drohen bis bestrafen versucht. Bis Gott schließlich gesagt hat: ‚Hilft alles nichts, die kann man nur liebhaben!'"

Kompakter und klarer kann man nicht zusammenfassen, dass Gottes verzeihende Güte und seine Liebe zu seinen „komplizierten Geschöpfen" von nichts und niemandem zu toppen ist. Und das Beste: Das gilt auch mir!

„Geliebt! Vom Chef der Welt!" Das hört jeder gern, weil es das ist, was unsere Seele braucht – ganz besonders im Advent. Deshalb erzähle ich so gerne davon – in meinen Geschichten und auf der Bühne mit „meinen Jungs"!

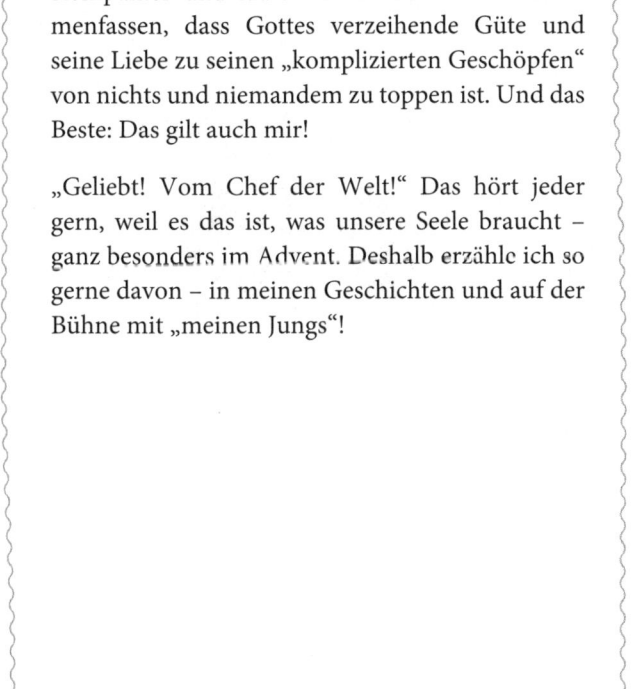

Dezember

⋇ U(H)RSPRUNG ⋞

Tack – tack – tack … Das Ticken unserer alten Standuhr höre ich normalerweise gar nicht mehr. Auch das Schlagen ist so vertraut, dass ich es höchstens mal nachts wahrnehme, wenn ich wach im Bett liege.

Sie ist ein Erbstück von den Großeltern und die haben sie von ihren Eltern geerbt. Als wir nach Omas Tod ihre Wohnung übernommen haben, wurden Wände versetzt und die Raumaufteilung verändert. Die alte Uhr blieb an ihrem Platz im Flur.

Tack – tack – tack – heute achte ich ganz bewusst darauf. Fünf Generationen haben dieses Ticken schon gehört. Im Alltag. An Festtagen. An Trauertagen. Das Leben geht weiter. Die Uhr auch. Was bleibt, sind Erinnerungen.

Das passt in den Advent. Pure Nostalgie und „angenehme Gefühle" werden dieser Zeit aber nicht gerecht. Es geht um nichts weniger als den Beginn der spektakulärsten Rettungsaktion aller Zeiten. Die Geburt von Jesus ist der Auftakt. Karfreitag der Tiefpunkt. Ostersonntag das unerwartete Comeback: Jesus lebt! Er hat dem Tod ein Schnippchen geschlagen. Seitdem hat er für jeden, der ihm vertraut, den Weg frei gemacht fürs ewige Leben. Das war Gottes Plan: Keiner soll verloren gehen.

Tack – tack – tack – irgendwann läuft auch meine Zeit ab. Aber das Ende hier wird ein neuer Anfang. Wie das genau sein wird, weiß nur einer. Bis dahin bleiben mir Glaube, Hoffnung, Liebe.

Tack – tack – tack – gut zu wissen, dass die Vorbesitzer unserer alten Standuhr genauso hoffnungsvoll waren wie wir.

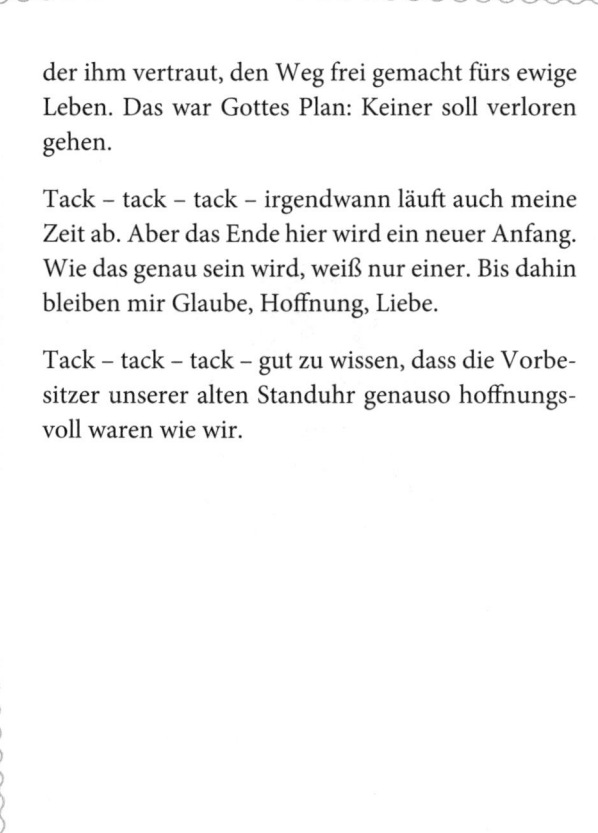

DEZEMBER

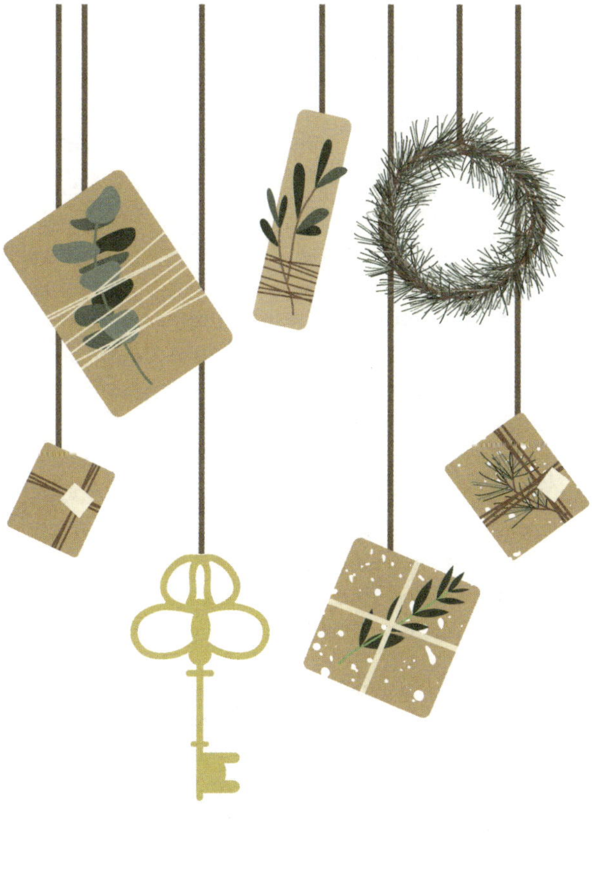

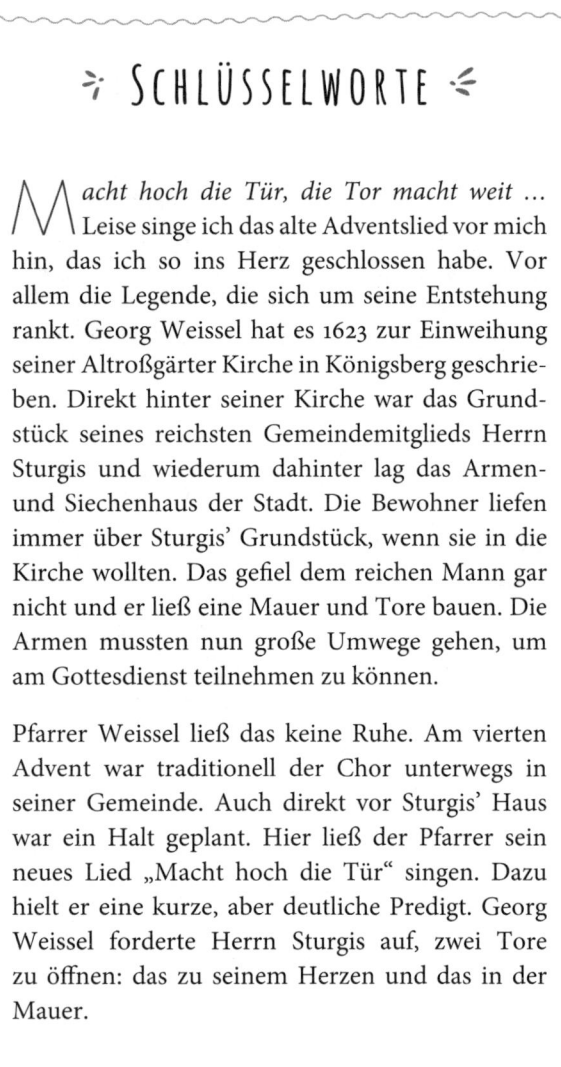

⊰ SCHLÜSSELWORTE ⊱

Macht hoch die Tür, die Tor macht weit ... Leise singe ich das alte Adventslied vor mich hin, das ich so ins Herz geschlossen habe. Vor allem die Legende, die sich um seine Entstehung rankt. Georg Weissel hat es 1623 zur Einweihung seiner Altroßgärter Kirche in Königsberg geschrieben. Direkt hinter seiner Kirche war das Grundstück seines reichsten Gemeindemitglieds Herrn Sturgis und wiederum dahinter lag das Armen- und Siechenhaus der Stadt. Die Bewohner liefen immer über Sturgis' Grundstück, wenn sie in die Kirche wollten. Das gefiel dem reichen Mann gar nicht und er ließ eine Mauer und Tore bauen. Die Armen mussten nun große Umwege gehen, um am Gottesdienst teilnehmen zu können.

Pfarrer Weissel ließ das keine Ruhe. Am vierten Advent war traditionell der Chor unterwegs in seiner Gemeinde. Auch direkt vor Sturgis' Haus war ein Halt geplant. Hier ließ der Pfarrer sein neues Lied „Macht hoch die Tür" singen. Dazu hielt er eine kurze, aber deutliche Predigt. Georg Weissel forderte Herrn Sturgis auf, zwei Tore zu öffnen: das zu seinem Herzen und das in der Mauer.

Das schier Unglaubliche geschah: Bei der letzten Strophe von „Macht hoch die Tür" kam der reiche Mann hinunter zum Tor und schloss es auf. Der Weg vom Armenhaus zur Kirche war von da an wieder frei.

Eine schöne Geschichte. Das echte Leben sieht oft anders aus. Ungerechtigkeit, Egoismus, Missgunst regieren vielerorts. Auch im Advent. Daran werde ich nichts ändern können. Aber was ich tun kann: Ich kann dafür sorgen, dass meine „Herzenstür" weit offenbleibt! Daran erinnert mich das alte Lied immer wieder aufs Neue.

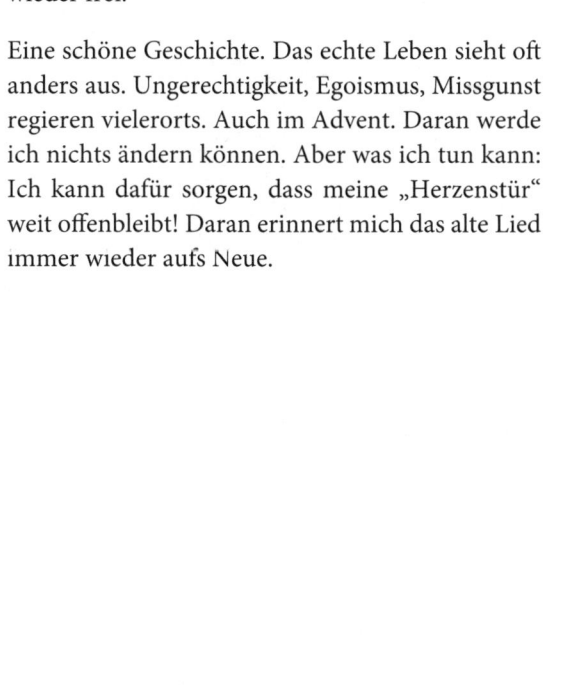

Dezember

59

⪧ HÖRSTÖRUNG ⪦

Ich verstehe nur Bahnhof!, schießt es mir durch den Kopf, als nach einer musikalischen Advents-Lesung eine Frau mit mir am Büchertisch spricht. Lautes Gerede und Gelächter um uns herum. Für mich geht alles in einem Brei von Geräuschen unter.

Auch zu Hause merke ich immer öfter, dass ich Gesprächen nicht gut folgen kann, dass mein Mann die Adventsmusik zu laut findet, wenn ich denke, dass sie genau die richtige Lautstärke hat.

Irgendwann muss ich mir eingestehen: Mit meinen Ohren stimmt etwas nicht! Ich muss zum Ohrenarzt. Der bestätigt meine Befürchtungen. An Hörgeräten geht kein Weg vorbei. Es kostet mich Überwindung, zum Hörgeräte-Akustiker zu gehen. Aber ich tue es und stelle fest: Nicht nur „alte" Leute brauchen so etwas.

Ich bin begeistert: Jetzt höre ich wieder den Blinker im Auto, das Knistern des Kandis in meinem Ostfriesentee und die Traversflöte im Weihnachtsoratorium. Bei Gesprächen kommt es nicht mehr zu peinlichen Situationen, weil ich etwas nicht richtig verstehe.

„Die Dinger in meinem Ohr" gehören jetzt zu mir und fallen den wenigsten Leuten auf. Und wenn schon? Was ist denn schlimm an einer „Brille für die Ohren"?!

Und ich habe mal wieder was gelernt: Vieles, das ich in meinem Leben als selbstverständlich ansehe, ist es bei genauer Betrachtung nicht: Dass ich alle meine Sinne nutzen kann; dass ich atme, lebe, lachen und lieben kann – und geliebt werde! Das alles sind Geschenke vom Schöpfer der Welt, für die ich jeden Tag dankbar sein kann.

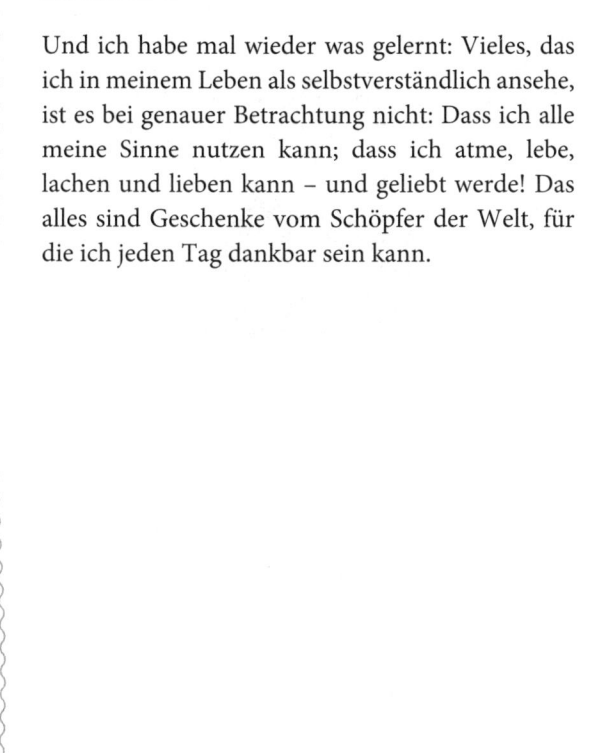

14

DEZEMBER

⁂ HERZSCHLAG ⁋

Heimelig, gemütlich und bitte harmonisch! So soll die Adventszeit sein. Probleme, Krankheit und Tod möchte ich gerne ausblenden. Aber das „echte Leben" macht keine Pause. Das haben wir besonders intensiv erlebt, als mein Schwager schwer an Krebs erkrankt war. Zeitweise stand es sehr schlecht um ihn.

Unserer mehrfachbehinderten, blinden Tochter Birte haben wir das nicht verschwiegen. Warum auch? Sie hat für ihren Onkel gebetet. Kurz und knapp: „Gott ist da!" Er wusste von ihren Gebeten und war dankbar dafür. Es hat ihn ermutigt.

In dieser Zeit habe ich mal wieder mit Birte gesungen. Während ich auf meiner Gitarre ein paar einfache Griffe klimperte, kam mir ihr Gebet: „Gott ist da" wieder in den Sinn. Ein Akkord folgte dem nächsten. Es ergab sich – fast wie von selbst – ein Refrain:

Mit jedem Herzschlag
weiß ich, Gott ist da.
Mit jedem Herzschlag
ist er mir ganz nah.
Mit jedem Herzschlag
weiß ich ganz genau:

Gott ist da!
Und er hat mich lieb.

Dann überlegte ich mir zwei Strophen rund um Alltägliches. Bei der dritten ging es um unsere aktuelle Sorge.

Manchmal frag ich mich:
Was ist, wenn mein Herz nicht mehr schlägt?
Wenn mein Leben hier auf Erden
mal zu Ende geht?
Doch dann fällt's mir wieder ein:
Ich bin ja nicht allein!
Gott hat mir ganz fest versprochen,
AUCH DANN da zu sein.

Mit jedem Herzschlag
weiß ich ganz genau:
Mein Leben geht weiter bei Gott!

Mein Schwager hat die Krebserkrankung überstanden und er freut sich nach wie vor über Birtes Gebete!

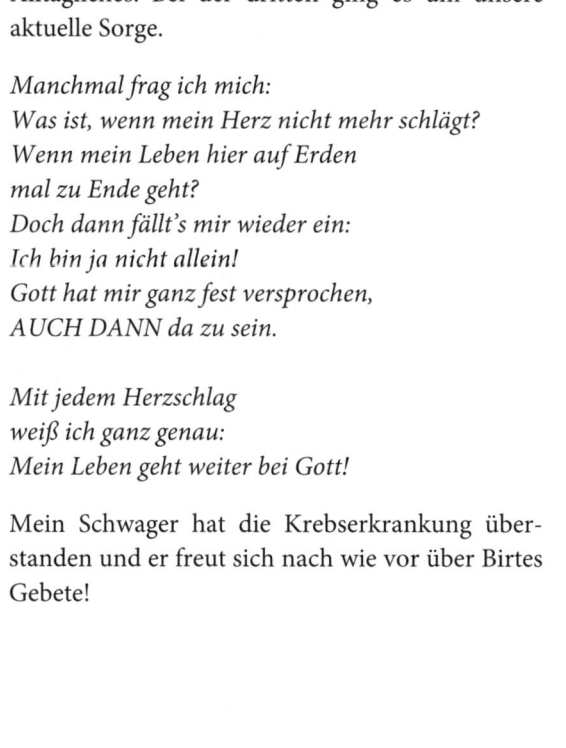

15

DEZEMBER

⊰ LACHFOXTROTT ⊱

Ha-ha-ha-ha-ha-ha-haaaa! Mitten im Drogerie-Markt lacht – Verzeihung: läutet – mein Handy in voller Lautstärke. Ich gebe zu, der Klingelton ist schon etwas extravagant. Bei mir erklingt der „Lachfoxtrott" aus der Kehle von Kabarettist Robert Kreis.

Diesmal mit doppelter Wirkung: Ich greife schnellstens in meine Manteltasche und schnappe mir das Handy, damit das etwas aufdringliche Lachen verstummt – und eine elegante Dame, die gerade in meiner Nähe steht, kann sich kaum noch vor Lachen halten! Trotz Corona-Schutzmaske kann ich es sehen – und natürlich hören! Unsere Blicke treffen sich und ich sage, bevor ich abnehme, grinsend: „Das ist der Lachfoxtrott!"

Ich gehe schnell in einen anderen Gang, sehe, dass es mein Papa ist, und drücke die grüne Taste. Noch bevor er etwas sagen kann, erzähle ich ihm, dass sein Anruf gerade für Heiterkeit gesorgt hat! Da höre ich es hinter mir wieder lachen. Die Dame hat – natürlich unfreiwillig – mitgehört. Schnell vereinbare ich mit meinem Vater, dass wir später nochmal telefonieren.

Die Dame wartet offensichtlich auf mich. Ich gehe also wieder zu ihr zurück. „Das tut so gut!", sagt sie lachend. „In diesen Corona-Zeiten mal einfach so einen Grund zum Lachen zu finden, herrlich!" Wir sprechen noch kurz miteinander und dann trennen sich unsere Einkaufswege.

An der Kasse treffen wir uns wieder. „Schade, dass Sie nicht nochmal einen Anruf bekommen haben!", sagt die Dame und wieder fangen wir an zu lachen. Dann verabschieden wir uns. Mir fällt ein, dass ich neulich noch überlegt hatte, einen neuen Klingelton aufzuspielen ... wie gut, dass ich das nicht gemacht habe!

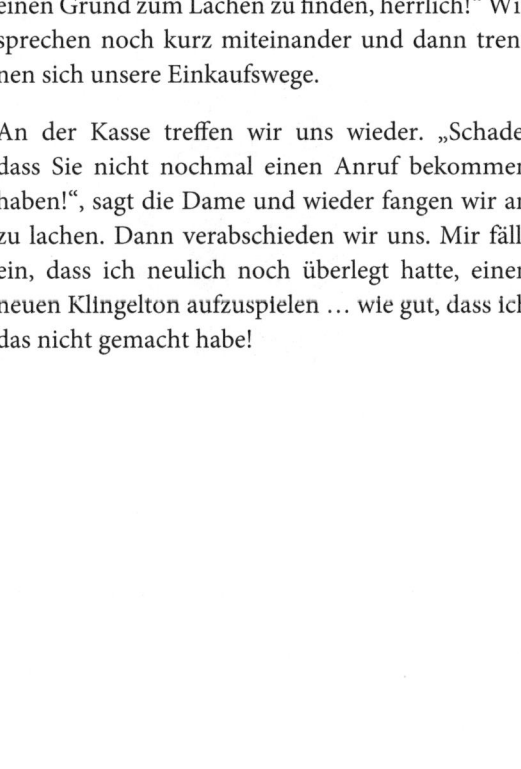

DEZEMBER

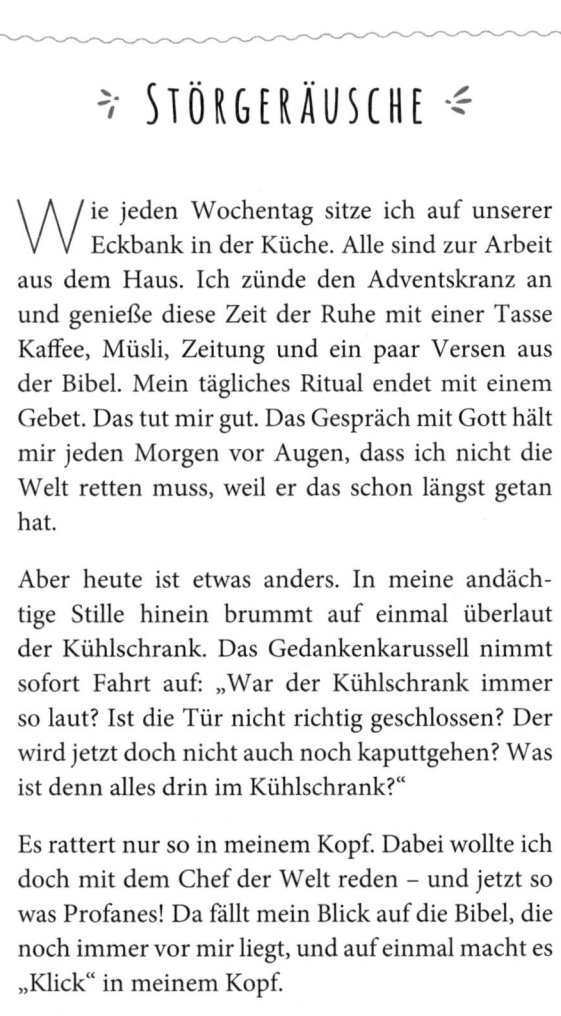

⸪ STÖRGERÄUSCHE ⸫

Wie jeden Wochentag sitze ich auf unserer Eckbank in der Küche. Alle sind zur Arbeit aus dem Haus. Ich zünde den Adventskranz an und genieße diese Zeit der Ruhe mit einer Tasse Kaffee, Müsli, Zeitung und ein paar Versen aus der Bibel. Mein tägliches Ritual endet mit einem Gebet. Das tut mir gut. Das Gespräch mit Gott hält mir jeden Morgen vor Augen, dass ich nicht die Welt retten muss, weil er das schon längst getan hat.

Aber heute ist etwas anders. In meine andächtige Stille hinein brummt auf einmal überlaut der Kühlschrank. Das Gedankenkarussell nimmt sofort Fahrt auf: „War der Kühlschrank immer so laut? Ist die Tür nicht richtig geschlossen? Der wird jetzt doch nicht auch noch kaputtgehen? Was ist denn alles drin im Kühlschrank?"

Es rattert nur so in meinem Kopf. Dabei wollte ich doch mit dem Chef der Welt reden – und jetzt so was Profanes! Da fällt mein Blick auf die Bibel, die noch immer vor mir liegt, und auf einmal macht es „Klick" in meinem Kopf.

In diesem uralten Buch steht doch schwarz auf weiß, dass ich alle meine Sorgen auf Gott werfen kann, weil er für mich sorgen will. Da gibt es keine Einschränkung, wie klein oder groß eine Sorge sein darf, damit ich sie ihm geben kann.

Alles, was mich beschäftigt, was mir auf der Seele liegt, darf ich „wegwerfen" – hin vor die Füße Gottes. Also auch meinen brummenden Kühlschrank. Und dann sage ich es ihm.

Jetzt bin ich schon viel gelassener. Ich spitze meine Ohren. Der Kühlschrank macht keine komischen Geräusche mehr. Keine Ahnung, was das war. Ich bin einfach nur dankbar, dass alles wieder okay ist und dass ich weiß, wohin ich mit meinen kleinen und großen Sorgen gehen kann!

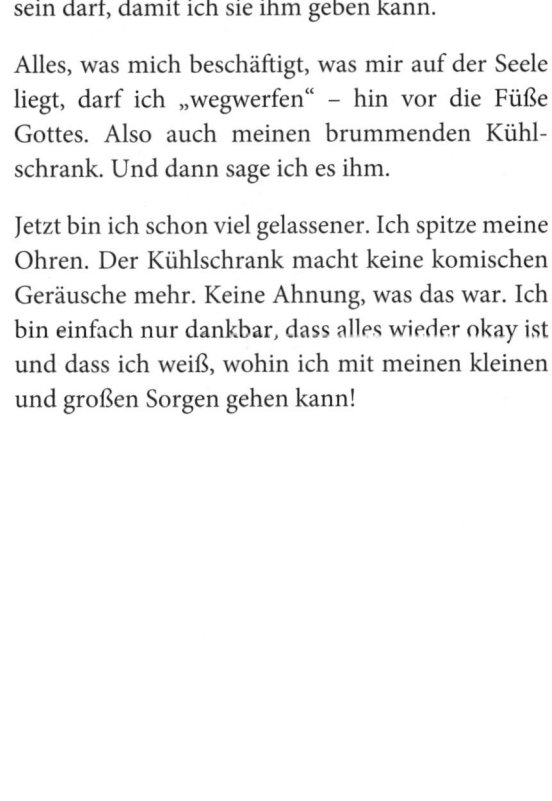

17

DEZEMBER

≳ WERTSCHÄTZUNG ≶

*W*eißt du eigentlich, wie wertvoll du mir bist? Hatte ich richtig gehört? Eine Sekunde lang überlege ich, ob es eine ernst gemeinte Frage ist, die mir eine Bekannte gerade gestellt hat. Seit sie in einer schweren Lebensphase ist, haben wir häufig Kontakt und gerade hatte ich versucht, ihr ein bisschen Mut zu machen.

„Weißt du eigentlich, wie wertvoll du mir bist?" Bis eben dachte ich, dass ich für sie ein Kontakt unter vielen bin, zumal wir uns nur selten persönlich treffen und ich weiß, dass sie einen sehr, sehr großen Bekanntenkreis hat.

Ich will die Frage nicht einfach so stehen lassen, deshalb antworte ich mutig: „Nein, das weiß ich nicht!" Ich bin mir darüber im Klaren, dass das auch nach hinten losgehen kann. Im schlimmsten Falle könnte sie die Gegenfrage als persönliche Beleidigung empfinden.

Aber sie kommt genau richtig an und ich höre jetzt, wie sehr sie mich schätzt. Das trifft mich völlig unerwartet. Auf der einen Seite freut es mich total, auf der anderen Seite beschämt es mich: Sie zählt mich zu ihrem engeren Freundeskreis und ich dachte, wir seien „nur" Bekannte.

„Du bist mir wichtig!", „Ohne dich wäre mein Leben ärmer!", das sind Sätze, die jeder gerne hört; die Lebensenergie und Selbstwert schenken. Aber wissen die Menschen, die mich begleiten, wie wertvoll sie für mich sind? Wem ich das noch nicht gesagt habe, der sollte es schnellstens von mir erfahren. Der Advent ist eine gute Gelegenheit dazu. Wertschätzende und liebevolle Worte sind nämlich ganz im Sinne des Erfinders des Weihnachtsfestes!

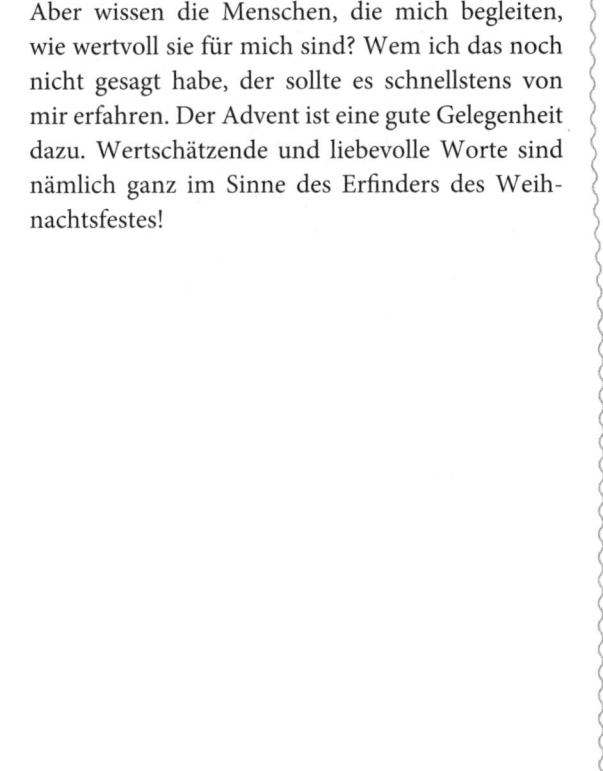

18

DEZEMBER

☀ MORGENSTERN ☀

Ich öffne die Augen. Es ist stockdunkel. Ich drehe mich um zum Wecker. Kurz vor eins. Ich habe gerade mal zwei Stunden geschlafen. Ich stehe auf, schleiche in die Küche und trinke einen Schluck Wasser. Auf möglichst leisen Sohlen gehe ich zurück ins Schlafzimmer. Ich will ja nicht, dass mein Mann aufwacht. Ich kuschele mich ins warme Bett und will weiterschlafen.

Daran ist aber nicht zu denken. Ich gehe durch, was ich die nächsten Tage bis Weihnachten alles erledigen muss. Ich komme vom „Hölzchen aufs Stöckchen": Geschenk, Weihnachtsessen, Weihnachtspost und, und, und. Je mehr ich überlege, desto mehr fängt mein Herz an zu pochen, es hört sich für mich richtig laut an.

Aus einem Reflex heraus lege ich meine rechte Hand auf mein Herz. Ich atme tief ein und aus, versuche meine Gedanken auf etwas anderes als meine lange „To do"-Liste zu lenken. Plötzlich habe ich eine Melodie und dann den Text eines Adventsliedes im Kopf:

„Die Nacht ist vorgedrungen, der Tag ist nicht mehr fern! So sei nun Lob gesungen dem hellen Morgenstern! Auch wer zur Nacht geweinet, der stimme froh mit ein. Der Morgenstern bescheinet auch deine Angst und Pein."*

Der Morgenstern ist ein Bild für Jesus Christus. Auf seine Ankunft bereiten wir uns im Advent vor. Er ist das helle Licht, das in die dunkle Welt gekommen ist, um Liebe und Hoffnung zu bringen.

Mein Herzschlag beruhigt sich und ich schlafe voller Trost und Hoffnung ein.

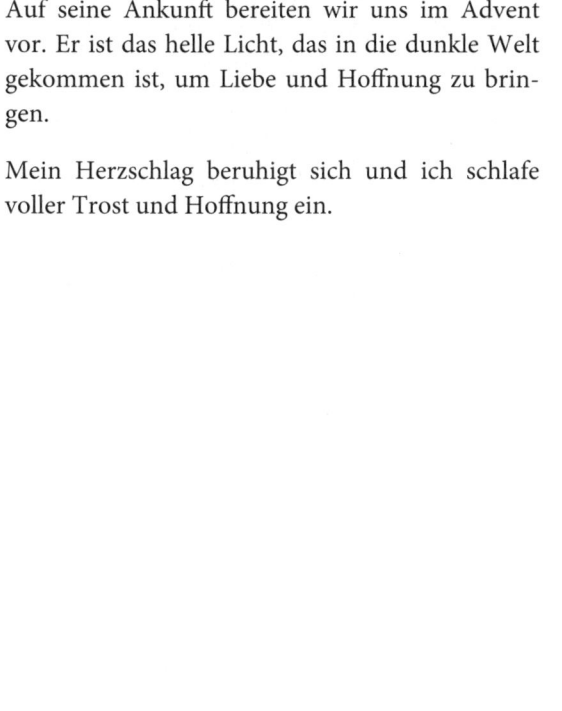

---

* Jochen Klepper schrieb „Die Nacht ist vorgedrungen"
  am 18. Dezember 1937.

19

Dezember

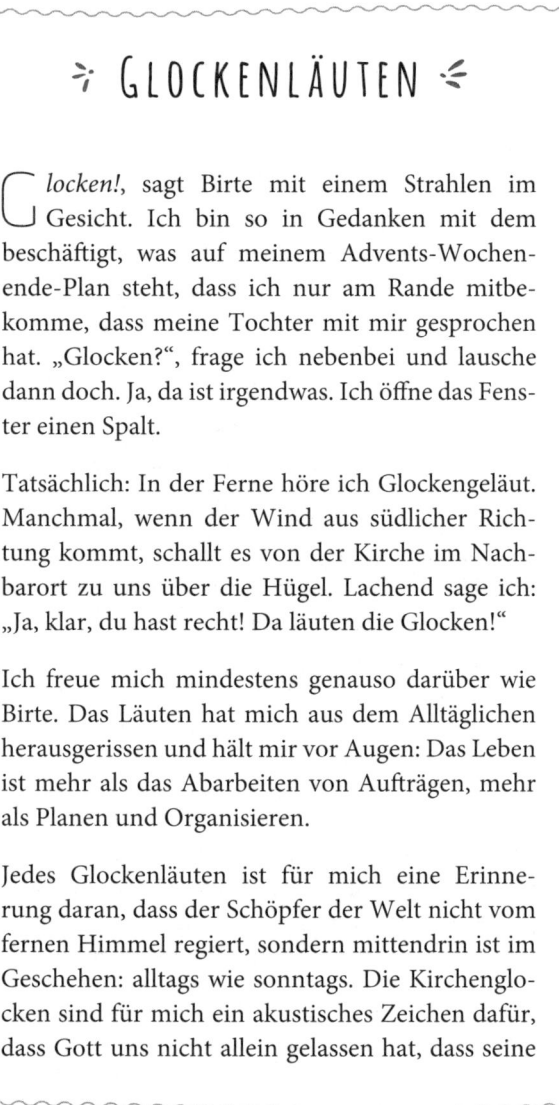

⁑ GLOCKENLÄUTEN ⁖

locken!, sagt Birte mit einem Strahlen im Gesicht. Ich bin so in Gedanken mit dem beschäftigt, was auf meinem Advents-Wochenende-Plan steht, dass ich nur am Rande mitbekomme, dass meine Tochter mit mir gesprochen hat. „Glocken?", frage ich nebenbei und lausche dann doch. Ja, da ist irgendwas. Ich öffne das Fenster einen Spalt.

Tatsächlich: In der Ferne höre ich Glockengeläut. Manchmal, wenn der Wind aus südlicher Richtung kommt, schallt es von der Kirche im Nachbarort zu uns über die Hügel. Lachend sage ich: „Ja, klar, du hast recht! Da läuten die Glocken!"

Ich freue mich mindestens genauso darüber wie Birte. Das Läuten hat mich aus dem Alltäglichen herausgerissen und hält mir vor Augen: Das Leben ist mehr als das Abarbeiten von Aufträgen, mehr als Planen und Organisieren.

Jedes Glockenläuten ist für mich eine Erinnerung daran, dass der Schöpfer der Welt nicht vom fernen Himmel regiert, sondern mittendrin ist im Geschehen: alltags wie sonntags. Die Kirchenglocken sind für mich ein akustisches Zeichen dafür, dass Gott uns nicht allein gelassen hat, dass seine

Liebe allen Menschen gilt! Mit Jesus hat er dieser Liebe ein Gesicht gegeben.

Das Läuten ist für mich ein tröstliches, ermutigendes, klingendes „Gott ist da"!

Wie gut, dass der Wind heute in unsere Richtung geweht und Birte die Glocken gehört hat!

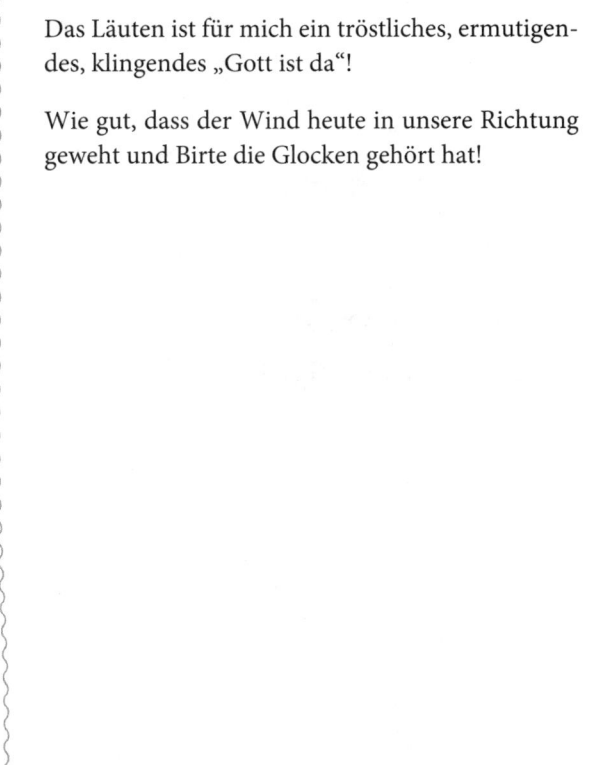

Dezember

⁂ MUTWORTE ⁑

Ein Zwitschern liegt in der Winterluft. Als ob die Vögel lautstark weitererzählen, dass es hier bei uns etwas zum Picken gibt für sie. An der Futterstelle wimmelt es nur so von Grünfinken. Ab und zu gesellt sich eine Meise dazu. Von meinem Küchenfenster aus kann ich das Treiben bestens verfolgen. Es ist einfach herrlich.

Da klingelt das Telefon. Eine langjährige Freundin meldet sich. Weil ich am Fenster stehe, erzähle ich ihr von dem Spektakel, das sich vor unserem Haus abspielt.

Sie lacht und berichtet mir von einem Rotkehlchen, das im Sommer immer zur Stelle war, wenn sie in ihrem kleinen Gartenbeet gearbeitet hat. Es war so zutraulich, dass es sich sogar auf den Spatengriff direkt neben sie gesetzt hat. „Das ist mein persönliches Rotkehlchen!", erklärt sie und ist davon überzeugt, dass es im Frühjahr pünktlich zur Gartensaison wieder da sein wird. Wir lachen darüber.

Es bleibt aber nicht beim oberflächlichen Reden über gefiederte Freunde. Es gibt einiges, was ihr aktuell große Sorgen bereitet, was sie traurig macht. Das höre ich an ihrer Stimme.

Plötzlich verändert sich die aber und voller Hoffnung erklärt sie: „Mein Rotkehlchen erinnert mich immer wieder daran, dass ich mich eigentlich nicht sorgen muss! Steht doch in der Bibel: Seht die Vögel unter dem Himmel an: Sie säen nicht, sie ernten nicht und euer himmlischer Vater ernährt sie doch (Matthäus 6,26; Lutherübersetzung 2017). Daran halte ich mich fest!"

„Du hast völlig recht!", erwidere ich. Mein Blick geht wieder hinaus zu den Vögeln und jetzt freue ich mich noch mehr, dass sie da sind!

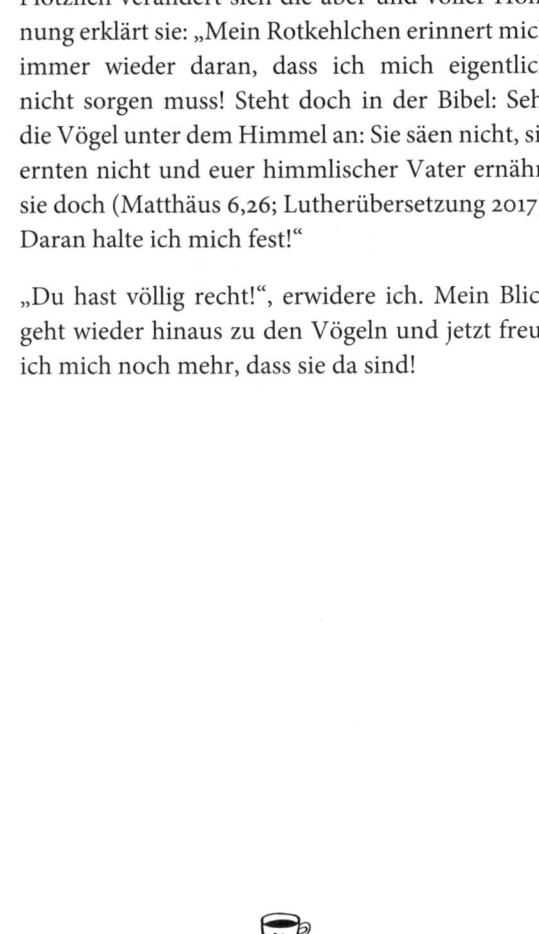

21

DEZEMBER

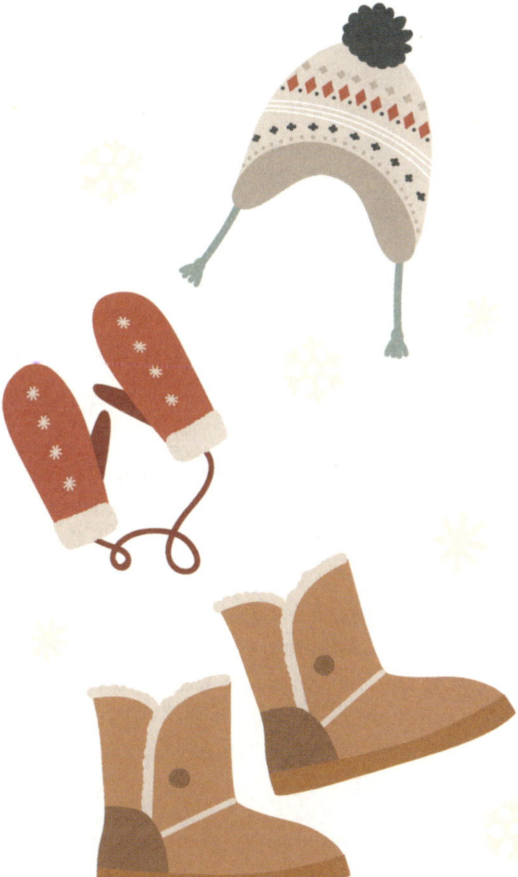

⚶ SCHNEEKNIRSCHEN ⚶

Bei jedem Schritt knirscht der Schnee unter meinen Stiefeln. Ich bleibe stehen, lege den Kopf in den Nacken und schaue in den Himmel. Millionen Schneeflocken fallen herab. Sie kommen auf mich zugeschwebt wie ein riesengroßer Schwarm von Insekten. Nur viel schöner und vor allem lautlos. Mir wird ganz schwindelig vom Nach-oben-Schauen. Ich stelle mich wieder gerade hin, halte meine Hände auf und lasse die Eiskristalle auf meine Handschuhe schweben.

Sie glitzern wie Diamanten. Ich versuche mit bloßem Auge ihre Formen zu erkennen. Gar nicht so einfach. Ich habe gelesen, dass keine Flocke der anderen gleicht. Was für eine verschwenderische Vielfalt, wo sie doch so schnell wieder zu Wasser werden oder bestenfalls auf den Boden fallen und Leute wie ich dann mit knirschenden Geräuschen darüber spazieren. Spätestens jetzt bleibt von den wunderschönen Schneekristallen nichts mehr übrig. Warum so viel Schönheit, wenn sie nur von kurzer Dauer ist?

Die Frage beschäftigt mich noch, als ich längst wieder zu Hause im Warmen bin. Für mich ist die Schönheit der Schneeflocke kein Zufall. Dabei hat sich der Schöpfer etwas Besonderes gedacht. Mir

fällt ein Satz ein, den ich in einer modernen Bibel-
übertragung gelesen habe: „Gott hat die Sachen
gemacht, damit wir Respekt vor ihm haben" (Pre-
diger 3,14; Volxbibel).

Respekt, so erfahre ich in einem Online-Wörter-
buch, bedeutet: „Wertschätzung, auf Anerken-
nung und Bewunderung beruhende Achtung".
Das passt! Über Gottes Schöpfung kann ich einfach nur staunen und dankbar werden für die
vielen liebevollen Details, die er sich ausgedacht
hat. Jeder knirschende Schritt beim Schneespazier-
gang ist eine akustische Erinnerung daran.

22

Dezember

⚘ Geschenkauspacker ⚘

Rrrrrratsch – es gibt Menschen, die packen ihre Geschenke so auf, dass das Papier sofort in zwei Teile reißt und der Inhalt schnell zu sehen ist. Und es gibt die fast lautlosen Auspacker, die jeden Klebestreifen einzeln abknibbeln, das Geschenkpapier sorgfältig zusammenlegen und nochmal verwenden.

Ich gehöre eindeutig zur ersten Fraktion. Ich will wissen, womit mir jemand eine Freude machen will! Die „Leise-Auspacker" dagegen kosten mehr die Vorfreude aus.

Unsere blinde Tochter Birte ist eine Mischung aus beiden „Auspack-Typen". Sie reißt gerne kräftig am Papier, um dann aus den großen Stücken kleine zu machen. Mit einer Seelenruhe. Wenn nur noch Schnipsel um sie herum liegen, fühlt sie endlich nach dem Geschenk. Für sie ist das Auspacken ein wichtiger Teil des Geschenks. Ob es das Geräusch des Zerreißens ist, das sie in besonderer Weise wahrnimmt, oder das Gefühl, wenn das Papier durch ihre Finger gleitet?

Klar, dass Birte ihre Geschenke auch an Weihnachten in Papier eingepackt bekommt. Der Rest der Familie darf sich über Präsente in Geschirrtüchern oder nur mit einer Schleife versehen freuen. Mein Beitrag zum Umweltschutz.

Egal, welche Verpackung, wie es ausgepackt wird oder wie viel ein Geschenk gekostet hat: Ich gehe beim Auspacken immer davon aus, dass es ein Zeichen dafür ist, dass jemand an mich gedacht hat und mir etwas Gutes damit tun wollte.

Jedes „Rrrrratsch" ist ein Hinweis darauf, dass das allererste und größte Weihnachtsgeschenk aller Zeiten keine Verpackung, Schleife und keinen Weihnachtsbaum benötigte. Es wurde in einem Stall geboren und hieß Jesus.

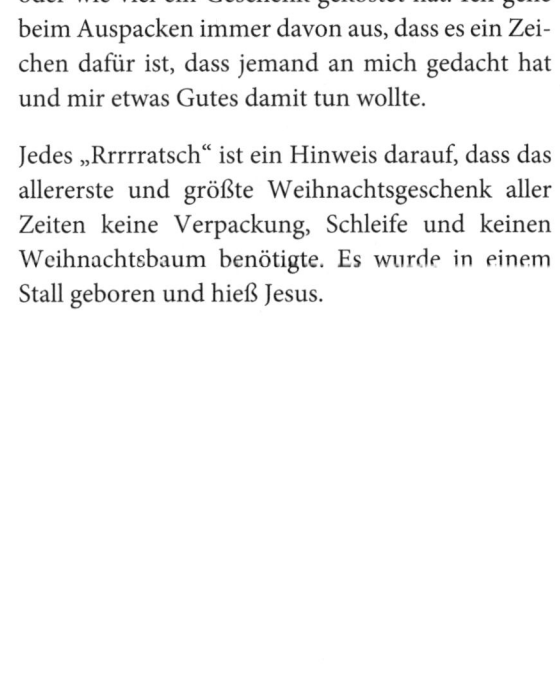

23

DEZEMBER

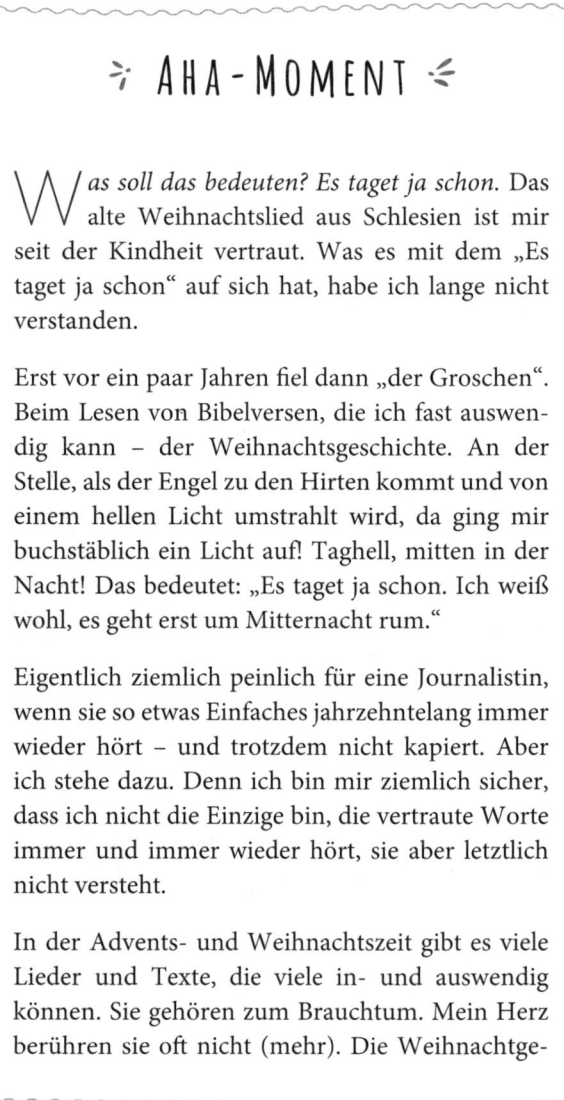

⁂ AHA-MOMENT ⁑

Was soll das bedeuten? Es taget ja schon. Das alte Weihnachtslied aus Schlesien ist mir seit der Kindheit vertraut. Was es mit dem „Es taget ja schon" auf sich hat, habe ich lange nicht verstanden.

Erst vor ein paar Jahren fiel dann „der Groschen". Beim Lesen von Bibelversen, die ich fast auswendig kann – der Weihnachtsgeschichte. An der Stelle, als der Engel zu den Hirten kommt und von einem hellen Licht umstrahlt wird, da ging mir buchstäblich ein Licht auf! Taghell, mitten in der Nacht! Das bedeutet: „Es taget ja schon. Ich weiß wohl, es geht erst um Mitternacht rum."

Eigentlich ziemlich peinlich für eine Journalistin, wenn sie so etwas Einfaches jahrzehntelang immer wieder hört – und trotzdem nicht kapiert. Aber ich stehe dazu. Denn ich bin mir ziemlich sicher, dass ich nicht die Einzige bin, die vertraute Worte immer und immer wieder hört, sie aber letztlich nicht versteht.

In der Advents- und Weihnachtszeit gibt es viele Lieder und Texte, die viele in- und auswendig können. Sie gehören zum Brauchtum. Mein Herz berühren sie oft nicht (mehr). Die Weihnachtgeschichte ist ein gutes Beispiel dafür. So oft habe ich sie schon in Gottesdiensten und Krippenspielen gehört. Schnell denke ich: „Kenn ich alles. Nächster Programmpunkt!"

Wie wäre es, wenn ich dieses Mal mit einer Erwartungshaltung hinhöre, dass es tatsächlich etwas Neues zu entdecken gibt?

„Was soll das bedeuten?" Diese Frage könnte ein passender Einstieg dafür sein!

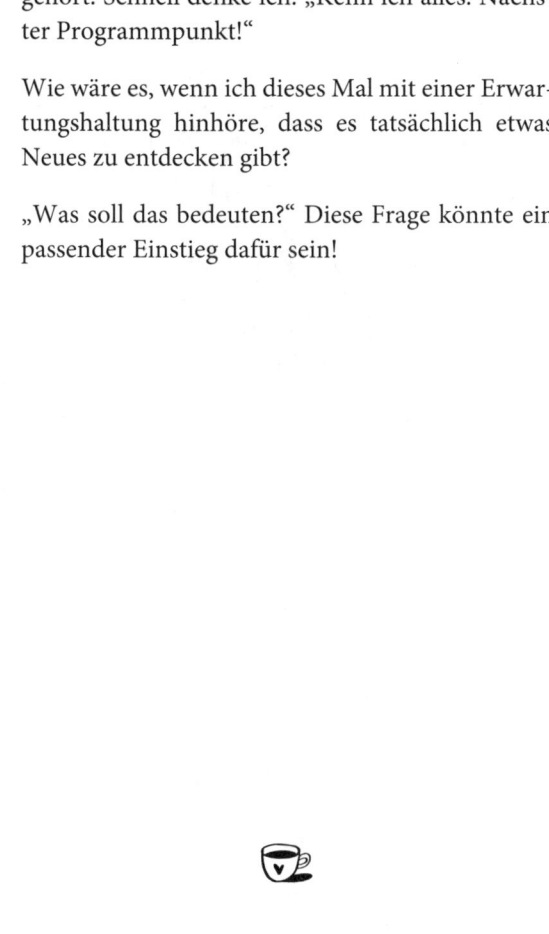

DEZEMBER

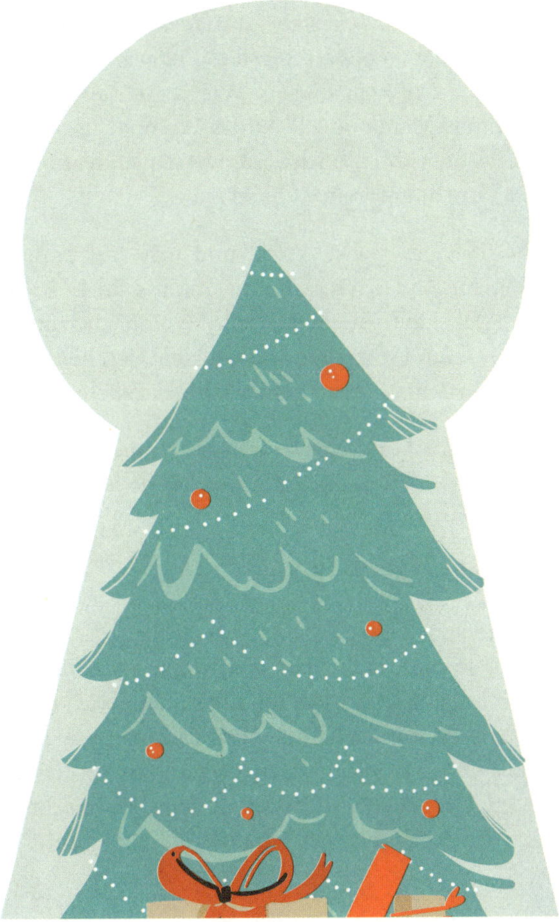

⋟ WEIHNACHTSGLÖCKCHEN ⋞

Heiligabend. Ich stehe mit meiner Schwester vor der Wohnzimmertür und warte darauf, dass wir eintreten dürfen. Wie lange dauert das noch, bis Mama und Papa das Weihnachtsglöckchen läuten? Meine Schwester verschwindet nochmal kurz in unserem Zimmer.

Die Neugier packt mich und ich nutze den Moment und schaue durchs Schlüsselloch. Perfekt! Ich kann direkt bis zum Weihnachtsbaum sehen – und vor allem bis zu den Geschenken! Und da steht es: mein heiß ersehntes Fahrrad.

Hinter mir höre ich es rascheln. Schnell springe ich von der Tür weg und tue so, als ob ich immer noch brav warten würde.

Klingelingeling! Endlich!

Nachdem wir ein Gedicht aufgesagt haben, geht es zügig an die Geschenke. Jetzt ist mein schauspielerisches Talent gefragt. Ich tue so, als ob ich total überrascht wäre. Ich finde mich sehr überzeugend. Aber in mir drin fühlt sich alles unecht an. Keine richtige Freude! Sie fehlt an diesem Weihnachtsfest! Und alles nur, weil ich nicht warten konnte.

Viele Jahre später erinnere ich mich beim Anschauen alter Fotos an diesen Heiligen Abend. Mir fällt auf, dass das Weihnachtsglöckchen vor der Bescherung in meiner Familie kein Heiligabend-Ritual ist. Wegen der Geschichte von damals? Eher nicht.

Geschenke haben bei uns einen anderen Stellenwert. Natürlich ist es schön, etwas geschenkt zu bekommen. Aber das ist nicht die Hauptsache an Weihnachten. Das ist die Geburt von Jesus, dem Sohn Gottes, dem Retter der Welt. Er ist das allergrößte Weihnachtsgeschenk. Darüber kann ich mich jedes Jahr aufs Neue freuen – von ganzem Herzen und ganz echt!

Und ... ein Weihnachtsglöckchen brauche ich dafür ganz bestimmt nicht.

ÜBER DIE AUTORIN

Sabine Langenbach (Jahrgang 1967) lebt mit ihrer Familie in Altena/Westfalen. Sie ist Moderatorin, Autorin und Referentin. Als Dankbarkeitsbotschafterin präsentiert sie den „Montags-Impuls" auf ihrem YouTube-Kanal: *www.youtube.com/ SabineLangenbach.*

Auf ihrer Website *www.sabine-langenbach.de* schreibt sie über sich selbst:

Nach einer Lehre als Einzelhandelskauffrau wurde ich Journalistin. Und im Laufe der Jahre konnte ich immer wieder Neues ausprobieren und meinen Horizont erweitern. Unterstützung (manchmal auch einen Hinweis, dass ich nicht alles machen kann, was mir Spaß macht ...) bekomme ich von meinem Mann Frank. Wir sind seit 1992 verheiratet.

Unser Sohn Niklas kam im Dezember 1996 auf die Welt und im April 1998 unsere Tochter Birte. Sie ist von Geburt an mehrfachbehindert und blind. Das hat unser Leben noch mehr verändert, als es Kinder ja ohnehin tun. Diese besondere Familiensituation hat uns viel Tiefgang und neue Erfahrungen geschenkt. Ohne unsere Birte würde ich heute keine Vorträge halten! Was hätte ich zu erzählen, wenn mein Leben einfach weiter vor sich hingeplätschert wäre?

Egal, was ich tue: Ich möchte Menschen ermutigen und ihren Blick darauf lenken, wofür sie dankbar sein können – oder noch besser: „Gott sei Dank" sagen können! Dankbare Menschen sind glücklichere Menschen!

Jeder ist wertvoll, geliebt und gewollt von Gott, dem Schöpfer aller Menschen und der ganzen Welt – keine Behinderung, kein Handicap oder sonst etwas kann daran etwas ändern! Gerne erzähle ich von meiner Quelle des Glücks, der Dankbarkeit und Zufriedenheit: Gott, dem Vater von Jesus Christus.

WEITERE ADVENTSBEGLEITER AUS DEM NEUFELD VERLAG

Sabine Langenbach
24 Begegnungen zum Staunen im Advent
ISBN 978-3-86256-073-8, 3. Auflage 2018

Susanne Tobies
24 Augenblicke im Advent
ISBN 978-3-86256-160-5, 2020

Claudia Stangl
24 Sternstunden für Himmelssucher
ISBN 978-3-86256-095-0, 2018

Elke Werner
24 Lichter auf dem Weg
ISBN 978-3-86256-085-1, 2017

Sabine Zinkernagel
24 Rast-Plätzchen auf dem Weg zur Krippe
ISBN 978-3-86256-063-9, 2015

DER WEIHNACHTS-BESTSELLER AUS DEM NEUFELD VERLAG

André Trocmé
Von Engeln und Eseln
Geschichten nicht nur zu Weihnachten

Spannende Erzählungen für Kinder und Erwachsene, die Werte zum Leben erwecken und die man nicht vergisst:

Wie die unfreiwillige Gastfreundschaft einer einzigen Frau ein ganzes Dorf verwandelte; wie Nikodemus fand, was er suchte, als er sein Hab und Gut großzügig verschenkte; wie der 12-jährige Jesus einen Sklaven freikaufte, der ihm später nachfolgte; und dass kein Mensch Gott daran hindern kann, ihn zu lieben.

Gebunden, 159 Seiten, mit Illustrationen
ISBN 978-3-937896-52-6, 7. Auflage 2018

Hörbuch, gelesen von Philipp Schepmann
ISBN 978-3-86256-003-5, vier Erzählungen aus dem Buch *Von Engeln und Eseln*

Der **NEUFELD VERLAG** ist ein
unabhängiger, inhabergeführter Verlag
mit einem ambitionierten Programm.

Bei Gott sind Sie willkommen!
Und zwar so, wie Sie sind.
Uns liegt am Herzen, dass Menschen erfahren:
- Der christliche Glaube ist keine Religion,
  sondern lebt von **Beziehung**.
- Es gibt nichts Besseres, als **mit Jesus zu leben**.
- Es lohnt sich, die **Bibel** für das eigene Leben zu lesen.
- Die **Gemeinschaft mit anderen Christen**
  fordert uns heraus und hilft uns.

Menschen mit Behinderung bereichern uns!
Sie haben uns etwas zu sagen und zu geben, zum Beispiel:
- Sie erinnern uns daran, dass jeder
  Mensch **einzigartig** ist.
- Sie zeigen uns, dass der **Wert** eines Menschen
  nichts mit seiner Leistungsfähigkeit zu tun hat.
- Sie bremsen uns immer wieder aus und halten
  uns vor Augen, was im Leben **wesentlich** ist.
- Sie lassen uns erkennen, dass das Leben **erfüllt**
  sein kann – auch wenn es anders kommt.

n *Stellen Sie sich eine Welt vor,
in der jeder willkommen ist!*

www.neufeld-verlag.de